Einsterns Schwester

3

Themenheft 1

Sprachgebrauch und Sprache untersuchen und reflektieren

Herausgegeben von
Roland Bauer, Jutta Maurach

Erarbeitet von
Annette Schumpp, Jutta Sorg

In Zusammenarbeit mit
der Redaktion Grundschule Deutsch 2–4

Cornelsen

Inhaltsverzeichnis

1 Nomen

2 Verben

3 Zeitformen der Verben

4 Adjektive

5 Sätze

6 Wörtliche Rede

7 Satzglieder

8 Entdeckungen bei Sprache und Schrift

So kannst du mit den Heften arbeiten

Du machst alle
Seiten der Lernportion 1.

Zuerst im grünen Heft.	Dann im roten Heft.	Dann im gelben Heft.	Und dann im blauen Heft.

Danach machst du in
allen Heften die Lernportion 2.

Nun machst du in
allen Heften die Lernportion 3.

Genauso bearbeitest du
alle anderen Lernportionen.

In diesem Heft
kannst du den
Grundwortschatz
vertiefend üben.

1 Nomen für Menschen und Dinge ordnen

(1) Ordne die Nomen für Menschen und Dinge in eine Tabelle ein.

Bestimmte Artikel sind **der, die, das**.

das Buch | das Baby | die Taucherin

die Sandburg | das Boot | die Frau

die Eisverkäuferin | die Sonnenbrille

der Strand | die Zeitung | der Vater

die Decke | die Mutter | das Mädchen

Heft 1, S. 5 ①+②

Menschen	Dinge
das Baby	das Buch
...	...

(2) Findet weitere Nomen für Menschen und Dinge zum Thema Ferien.
Ergänzt die Tabelle aus (1).

① Lies den Text.

Der Wald ist wie ein Haus

Auf dem Waldboden wachsen Moos und Flechten. Dort wohnen Maus, Hamster und Dachs. Im Erdgeschoss wachsen Gras, Farn und Springkraut. Dort ist die Heimat von Hase, Igel und Schmetterling. Bis ins Obergeschoss wachsen Eiche, Buche und Kiefer. Dort wohnen Waldkauz, Buchfink und Kuckuck.

② Finde im Text aus ① alle Nomen für Tiere und Pflanzen. Ordne sie in eine Tabelle ein.

Heft 1, S. 6 ②+③

Tiere	Pflanzen
Maus	Moos
…	…

③ Suche weitere Tiere und Pflanzen des Waldes mit Hilfe einer Kindersuchmaschine. Ergänze die Tabelle aus ②.

1 Nomen in Einzahl und Mehrzahl bilden

① Untersucht, wie die Mehrzahl von Nomen gebildet wird.

Mehrzahl von Nomen		
ein Schrank viele Schränke	ein Buch viele Bücher	eine Tafel viele Tafeln
eine Tür viele Türen	ein Besen viele Besen	ein Radiergummi viele Radiergummis

②

③ Sucht in eurem Klassenzimmer weitere Dinge und ergänzt die Tabelle aus ②.

① Findet die Wortpaare aus Einzahl und Mehrzahl.
Besprecht die Veränderungen in der Mehrzahl.

der Ball | der Arzt | der Chor | der Grund | die Nuss | der Lohn

die Ärzte | die Nüsse | die Bälle | die Löhne | die Gründe | die Chöre

② Schreibe die Wortpaare aus ① auf.
Unterstreiche die Veränderungen.

Heft 1, S. 8 ②
der Ball – die Bälle, ...

③ Entscheidet, ob ä, ö oder ü in die Mehrzahlformen passt.

die Fl☆sse	die Bl☆tter	die T☆chter	die ☆pfel
die K☆he	die G☆tter	die F☆chse	die V☆ter

④ Schreibe die Nomen aus ③ in der Einzahl
und in der Mehrzahl auf.
Unterstreiche die Veränderungen.

Heft 1, S. 8 ④
der Fluss – die Flüsse, ...

Besondere Formen der Mehrzahl verwenden

(1) Zu einigen Nomen gibt es zwei mögliche Mehrzahlwörter.
Besprecht die Unterschiede.

ein Atlas viele Atlasse oder viele Atlanten	ein Luftballon viele Luftballons oder viele Luftballone	ein Globus viele Globen oder viele Globusse
ein Lexikon viele Lexika oder viele Lexiken	ein Monitor viele Monitore oder viele Monitoren	

(2) Schreibe die Wörter aus (1) in der Einzahl und
in der von dir gewählten Mehrzahlform auf.

Heft 1, S. 9 ②
ein Atlas – viele …

(3) Lest die englischen Wörter in der Einzahl und in der Mehrzahl.
Besprecht, was euch bei den Endungen auffällt.

one desk
many desks

one book
many books

one pencil
many pencils

one tablet
many tablets

Plenum: die Pluralbildung in anderen Sprachen besprechen und vergleichen

Wörter für **Gefühle** sind auch **Nomen**.
Deshalb schreibe ich sie groß:
die Freude, der Schreck.

① Ordnet die Smileys den passenden Gefühlen zu.

A B C D E F

Freude | Wut | Müdigkeit | Trauer | Angst | Liebe

②

Pronomen (**Personalpronomen**) können Nomen ersetzen:
Lina hat Ferien. **Sie** besucht Opa.
Es gibt Pronomen in der Einzahl: **ich**, **du**, **er**, **sie**, **es**
und in der Mehrzahl: **wir**, **ihr**, **sie**.

(1) Schreibe den Text in dein Heft.
Unterstreiche die Pronomen.

Heft 1, S. 11 ①
Das ist Lina. Sie ...

Das ist Lina.
Sie hat die Ferien bei Opa Frank verbracht.
Er ist mit Lina in den Zoo gegangen. Sie haben die Tiere beobachtet.
Lina hat der Zoobesuch sehr gut gefallen.
„Das sollten wir öfter machen", hat sie gesagt.
Auf dem Rückweg haben Opa und Lina noch ein Eis gegessen.
Es hat prima geschmeckt.

(2) Spielt das Pronomenspiel. Würfelt reihum.
Klatscht schnell auf ein passendes Nomen.

1 Pronomen richtig zuordnen

① Schreibe die Sätze ab.
Ergänze die Pronomen.

Heft 1, S. 12 ①
Die Elefantenkuh kümmert sich …

Die Elefantenkuh kümmert sich um das Elefantenbaby.
___ gibt ihm zu trinken.

Das Junge ist noch sehr klein.
___ bleibt immer bei der Herde.

Der Elefant ist ein großes Tier.
___ wiegt fast sieben Tonnen.

Elefanten leben auch in Afrika.
___ wandern sehr weit.

Meine Freunde mögen Elefanten.
___ beobachten die Tiere oft im Zoo.

② Lies den Text einem Partnerkind vor.
Ersetze die Bilder im Text durch Pronomen.

Im Elefantengehege

Die Elefanten sind sehr unruhig. Gleich bekommen  Futter.

Der Tierpfleger bringt heute Äste, frisches Gras und Gemüse.

Schnell schließt  die Tür auf.

„Jetzt könnt  euer Futter holen!“, ruft .

Vor dem Gehege steht eine Besucherin mit ihrem Baby.

 schaut den Elefanten zu und strampelt.

Die Mutter beruhigt :

„Gleich bekommst  auch deinen Brei.“

Danach gehen  weiter.

① Lest abwechselnd die Sätze.
Setzt dabei die passenden Pronomen ein.

Der Wettbewerb

Die Klasse plant ein Projekt zum Klimaschutz. ___ will an einem Wettbewerb teilnehmen. Lisa schlägt vor: „Als Erstes sammeln ___ Ideen.“ „Zuerst müssen ___ uns über den Klimawandel informieren. ___ bedroht unsere Erde“, meint Tim. Herr Kuzu bespricht mit den Kindern die Aufgabe und fragt: „Kennt ___ euch schon mit Kindersuchmaschinen aus? Auf welchen Seiten wollt ___ Informationen suchen?“ Dann gibt ___ den Gruppen die Tablets zum Recherchieren. ___ finden viele Ideen für ihr Projekt. „___ wird bestimmt großen Spaß machen und ___ werden einen Preis gewinnen“, meint Rani. ___ sind sich aber einig, dass die Erde gewinnen soll.

② Tauscht euch aus, was ihr oder eure Familie für den Klimaschutz tut.

Lernportion 1: Nomen

MK-Tipp: sich mit Hilfe einer Kindersuchmaschine im Internet über den Klimawandel informieren

Bei **zusammengesetzten Nomen** richtet sich der Artikel immer nach dem letzten Nomen:
die Kürbis**suppe** – der Kürbis, **die Suppe**.

① Schreibe die zusammengesetzten Nomen auf. Unterstreiche den Artikel.

Heft 1, S. 14 ①
die Hand + der Schuh = der Handschuh, …

die Hand + der Schuh

der Sand + die Burg

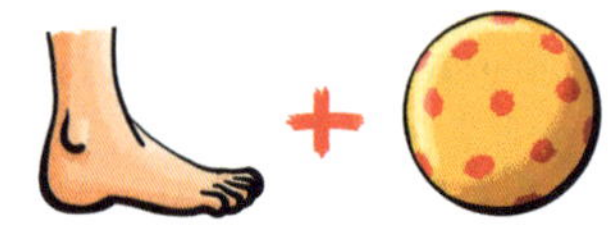

der Fuß + der Ball

das Ohr + der Ring

das Eis + der Würfel

der Regen + die Jacke

② Bilde mit den Wörtern aus beiden Rahmen sieben zusammengesetzte Nomen.

Heft 1, S. 14 ②
das Vogelfutter, …

der Vogel
der Baum
das Obst
der Pudding
die Ferien

der Salat ✶ der Kuchen ✶
die Schale ✶ das Futter ✶ das Haus ✶
das Nest ✶ der Stamm ✶
der Anfang ✶ das Pulver ✶ die Rinde

③ Besprecht die Besonderheit dieser zusammengesetzten Nomen.

Glückskäfer | Verkehrszeichen | Sonntagsspaziergang | Lieblingsplatz

Lernportion 1: Nomen

Plenum: verschiedene Möglichkeiten vergleichen, zusammengesetzte Nomen zu bilden; Besonderheiten (Fugenbuchstaben) besprechen

AH 7

④ Bilde mit den Wortkärtchen zusammengesetzte Nomen. Die Bilder helfen dir.
Unterstreiche den eingefügten Buchstaben.

Heft 1, S. 15 ④
das Katzenfutter, …

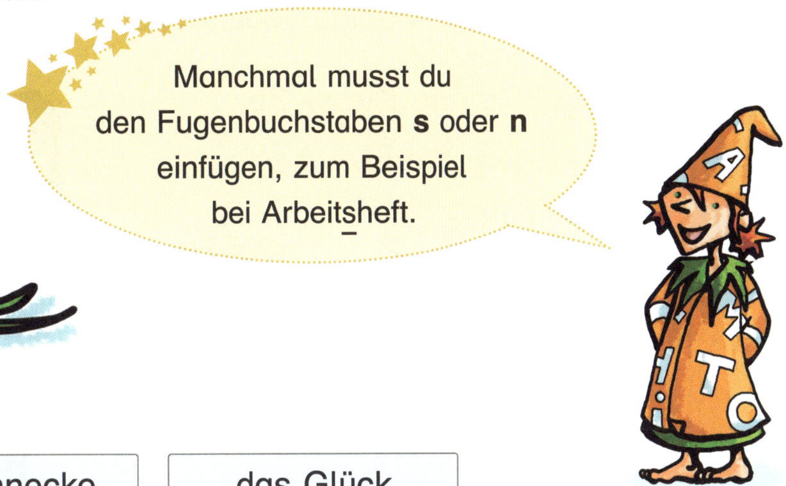

die Katze	die Schnecke	das Glück
der Frühling	die Tomate	die Zitrone
die Zwiebel	das Haus	die Limonade
das Futter	die Soße	der Käfer

⑤ Bilde Sätze mit einigen der zusammengesetzten Nomen aus ④.

Heft 1, S. 15 ⑤
…

⑥ Findet weitere zusammengesetzte Nomen mit eingefügtem s oder n.

Bananen | Glücks | Klassen

Heft 1, S. 15 ⑥
Bananenkuchen, …

D 4, 5

2 Passende Verbformen bilden

Verben in der Grundform haben am Ende ein **en**.
In Sätzen stehen Verben in einer **Personalform**:
ich geh**e**, du geh**st**, er/sie/es geh**t**, wir geh**en**, ihr geh**t**, sie geh**en**.

① Ordne die fünf Verben in der Personalform und in der Grundform in eine Tabelle ein.

Emilia geht in die Klasse 3b.
Sie backt gern Pfannkuchen.
Sie spielt Fußball.
Sie sammelt Sticker.
Sie liebt alle ihre Hobbys.

Heft 1, S. 16 ①

Personalform	Grundform
sie geht	gehen
...	...

② Trage die Verben kommen und hören in der Grundform und in allen Personalformen in eine Tabelle ein.
Unterstreiche die Endungen.

er, sie, es hört	ihr kommt
ihr hört	ich höre
er, sie, es kommt	wir hören
du kommst	du hörst
sie kommen	ich komme
sie hören	wir kommen

Heft 1, S. 16 ②

kommen	hören
ich komme	ich höre
du kommst	du ...
er, sie, es ...	er, sie, es ...
wir ...	wir ...
ihr ...	ihr ...
sie ...	sie ...

Verbformen in Sätzen verwenden

① Schreibe in Sätzen auf, was die Kinder tun.
Unterstreiche die Verben.

Heft 1, S. 17 ①
Malik klettert nach oben.
...

②

Verben haben einen **Wortstamm** und eine **Endung**.
Der Wortstamm bleibt meist gleich:
trinken – ich trinke, singen – du singst, rennen – er rennt.

① Immer drei Verbformen gehören zusammen.
Schreibe sie auf.
Unterstreiche die Wortstämme.

Heft 1, S. 18 ①
malen – ich male – er malt ✓
...

malen	sie träumt	singen	
ich gehe	sie singt	er baut	ich träume
gehen	er malt	ich male	er geht
bauen	ich singe	ich baue	träumen

② Schreibe die Sätze vollständig auf.
Ergänze die passende Form von spielen.
Unterstreiche den Wortstamm.

Heft 1, S. 18 ②
Mama spielt mit Max Federball.
...

Im Freibad

Mama ☐ mit Max Federball.

Elif ☐ mit dem Jo-Jo.

Das Baby ☐ mit der Rassel.

Die Kinder ☐ im Wasser.

Wir ☐ auf der Decke.

Ich ☐ mit Murat und Elsa Karten.

① Wählt ein Spiel aus. Setzt die Verben abwechselnd in den passenden Formen ein.

a) falten | bilden | zeigen | steigen | lösen | schaffen | probieren

Armsteigen

Jedes Kind ___ seine Hände und ___ mit seinen Armen einen Ring, der zu seinen Füßen ___. Alle Kinder ___ auf ein Zeichen durch ihren Armring, ohne dass sie die Hände ___. Wer das ___, ___ das Ganze rückwärts.

b) kreuzen | falten | drehen | schauen | zeigen | versuchen | bewegen | funktionieren | berühren

Der richtige Finger

Ein Kind ___ seine Arme und ___ seine Hände. Es ___ die Hände so nach oben, dass es auf seine Finger ___. Ein anderes Kind ___ abwechselnd auf einen Finger. Das erste Kind ___, diesen zu ___. Das Spiel ___ nicht, wenn jemand die Finger ___.

② Wähle ein Spiel aus ① aus.
Schreibe den Text vollständig ab.
Unterstreiche den Wortstamm der Verben.

Heft 1, S. 19 ②
...

Bei manchen Verben verändert sich der Wortstamm:
schlafen – er schläft, lesen – du liest.

① Schreibe nur die Verben auf, bei denen sich der Wortstamm verändert.

essen | laufen | erschrecken

stehen | regnen | waschen | tanzen

es regnet | sie wäscht | er tanzt

du läufst | sie erschrickt | er isst | du stehst

Heft 1, S. 20 ①
essen – er isst, ...

② Schreibe den Text ab und setze die richtigen Verbformen ein.

Heft 1, S. 20 ②
Die Klasse 3a macht heute ...

Die Klasse 3a ___ (machen) heute einen Ausflug in die Bücherei.

Die Bibliothekarin ___ (warten) schon am Eingang.

Sie ___ (führen) die Kinder zu den Kinderbüchern.

Dort ___ (lesen) sie den Kindern aus ihrem Lieblingsbuch vor.

Dann ___ (suchen) alle ihr Lieblingsbuch.

Koki ___ (laufen) gleich zu den Comics.

Zum Abschluss ___ (erhalten) jedes Kind einen eigenen Büchereiausweis.

① Schreibe den Text ab und setze die richtigen Formen von sein ein. Unterstreiche sie.

Heft 1, S. 21 ①
Emil und Milan sind ...

Emil und Milan ___ beste Freunde.

Manchmal haben sie auch Streit.

Dann sagt Milan: „Ich ___ nicht mehr dein Freund.“

Dann ___ Emil beleidigt und antwortet: „Du ___ gemein.“

Milans Mama beschwichtigt: „Hört auf zu streiten, zusammen ___ ihr viel stärker.“

② Macht euch gegenseitig Komplimente. Schreibt sie zuerst auf kleine Karten.

MK-Tipp: eine Komplimentekarte am Computer gestalten und ausdrucken

Einzahl	Mehrzahl
ich habe	wir haben
du hast	ihr habt
er hat	sie haben
sie hat	
es hat	

(1) Schreibe den Text ab und setze die richtigen Formen von haben ein. Unterstreiche sie.

Heft 1, S. 22 (1)
Bente und Rani ...

Bente und Rani spielen im Garten.

Sie bauen Sandburgen und ___ viel Spaß.

Nach einer Weile sagt Bente: „Ich ___ Hunger."

„___ du Lust auf ein Eis?", fragt Rani.

„Wir ___ welches im Eisfach."

Bente ___ große Lust auf Eis und fragt:

„___ ihr auch Schokoeis?"

„Ja, das ist mein Lieblingseis!", ruft Rani.

„Cool", freut sich Bente, „da ___ wir etwas gemeinsam."

(2)

Verben mit Vorsilben bilden

Vorsilben wie **ab**, **auf**, **aus**, **be**, **ein**, **ver**, **vor** kann ich vor Verben stellen. Vorsilben verändern die Bedeutung von Verben: **auf**fahren, **ab**fahren.

① Bilde zusammengesetzte Verben mit fahren.
Unterstreiche die Vorsilbe.

auf | vor | ab | be

hin | weiter | weg

fahren

Heft 1, S. 23 ①
auffahren, ...

② Schreibe auf, was Malik tut.
Unterstreiche wie im Beispiel.

Heft 1, S. 23 ②
A: abschreiben –
Malik schreibt eine Geschichte ab.
B: ...

A

eine Geschichte

auf | ab | schreiben

B

ein Gedicht

vor | aus | tragen

C

einen Ball

auf | weiter | geben

D

Wasser

ein | aus | gießen

Lernportion 2: Verben

Plenum: an Beispielen beschreiben, wie unterschiedliche Vorsilben die Bedeutung von Verben verändern; unterschiedliche Bedeutungen erklären

2 Verben nach Wortfeldern ordnen

① Ordne die Verben nach den Wortfeldern essen und sagen.

Heft 1, S. 24 ①

Wortfeld essen	Wortfeld sagen
löffeln ✓	...
...	

② Schreibe nur die Wörter auf, die zum Wortfeld gehen gehören.

schlendern | laufen | schwimmen | humpeln | bummeln | schlafen | wandern | spazieren | lesen | rennen | streiten | schleichen | kriechen | trödeln | turnen | flitzen

Heft 1, S. 24 ②
Wortfeld gehen: schlendern, ✓ ...

③

Lernportion 2: Verben

Plenum: beschreiben, welche Wirkung erreicht wird, wenn man abwechslungsreiche, genaue Verben verwendet

2 Verben und Nomen zusammensetzen

Aus Verben und Nomen
entstehen **zusammengesetzte Nomen**.
Dabei verändern sich die Verben:
lesen + das Buch = das Lesebuch.

① Lies den Text. Finde mindestens sechs zusammengesetzte Nomen aus Verb und Nomen.

Im Zoo

Die Klasse 3a war gestern im Zoo.
Lisa und Tim fanden die Schleichkatze toll.
Die Wanderratte und das Stinktier wollte
die ganze Klasse anschauen.
Der Brüllaffe und der Springbock waren
schon im Außengehege. Rani konnte
die Klapperschlange und die kleine
Springmaus ganz genau beobachten.

Heft 1, S. 25 ①
die Schleichkatze:
schleichen + die Katze,
...

② Bildet zusammengesetzte Nomen.
Schreibt sie mit Artikel auf.

Heft 1, S. 25 ②+③
schauen + das Bild = das Schaubild, ...

schauen | turnen | rollen

fahren | wühlen | hüpfen | schreiben

③ Bildet weitere zusammengesetzte Nomen wie in ②.

Die Zeitformen der Verben zeigen, wann etwas geschieht.
- in der **Gegenwart** (= heute): Rani **spielt** Klavier.
- in der **Vergangenheit** (= früher): Malik **spielte** Geige.

① Ergänze die Sätze.
Schreibe die Verben in Gegenwart und Vergangenheit auf.

Heft 1, S. 26 ①
A: hören – hörten ✓
B: ...

suchten | nutzten | schickten | hörten

A Heute hören die meisten Menschen Musik über das Internet.
Früher ___ viele Menschen Musik auf Schallplatten.

B Heute nutzen viele Menschen das Auto.
Früher ___ die Menschen Kutsche und Pferd.

C Heute schicken viele Menschen Nachrichten als E-Mail.
Früher ___ die meisten Menschen Nachrichten als Brief.

D Heute suchen die Menschen Informationen meist im Internet.
Früher ___ die Menschen Informationen meist im Lexikon.

② Schreibe Sätze wie in ①,
wie es früher war und heute ist.
Du kannst dir auch selbst etwas ausdenken.

Heft 1, S. 26 ②
Früher ...
Heute ...

Lernportion 3: Zeitformen der Verben

MK: Mediennutzung früher und heute kennenlernen

Bei manchen Verben verändert sich in der Vergangenheit der Wortstamm: wir **seh**en – wir **sah**en.
Diese Verben werden **starke Verben** genannt.

③ Immer drei Verbformen gehören zusammen.
Trage sie in eine Tabelle ein.

Heft 1, S. 27 ③

Grundform	Gegenwart	Vergangenheit
schreien ✓	ich schreie ✓	ich schrie ✓
…	…	…

schreien | sehen | kommen

sprechen | rufen | gießen | essen | helfen

ihr kommt | sie isst | du siehst | er spricht

wir rufen | ich schreie | es hilft | sie gießen

er sprach | sie gossen | wir riefen | es half

ihr kamt | du sahst | ich schrie | sie aß

④ Schreibe die Verben mit ihrer Grundform auf.

wir halfen ✶ ich stand ✶ er schwamm ✶
er ließ ✶ sie aß ✶ es lag ✶ ich fuhr ✶
ich bekam ✶ sie wusste ✶ es blieb

Heft 1, S. 27 ④
wir halfen – helfen,
ich stand – …

⑤ Wähle drei Verben aus ④ und schreibe Sätze.

Heft 1, S. 27 ⑤
…

Die Verben **haben** und **sein** haben besondere Vergangenheitsformen.

haben	
Einzahl	**Mehrzahl**
ich hatte	wir hatten
du hattest	ihr hattet
er hatte	sie hatten
sie hatte	
es hatte	

sein	
Einzahl	**Mehrzahl**
ich war	wir waren
du warst	ihr wart
er war	sie waren
sie war	
es war	

1 Schreibe mindestens sechs Vergangenheitsformen mit einem passenden Pronomen auf. Ergänze die Grundform.

Heft 1, S. 28 ①

Vergangenheit	Grundform
er wusste	wissen
sie ...	...

wusste | stand | lag | wart | saß

hattest | sagte | trank | kratzte | ging | glaubte | las

fuhrt | halfen | ließ | bekam | fragtest | aßen | blieb

2

1 Schreibe die Verben in der Vergangenheit auf.
Notiere daneben die Verben in der Gegenwart.

Heft 1, S. 29 ①
es gab – es gibt,
sie arbeiteten – ...

Damals und heute auf der Baustelle

Früher gab es für die Arbeit kaum Maschinen. Die Menschen arbeiteten zusammen. Beim Hausbau mussten sie alle anpacken. Die ganze Familie und auch die Nachbarn halfen mit. Es gab noch keinen Kran, der die Materialien transportierte. Die Zimmerleute zogen die Balken von Hand auf das Dach. Dann schlugen sie Holznägel ein. Das ganze Dach deckten sie mit Schieferplatten ein.

2 Vergleiche, wie die Menschen früher auf der Baustelle arbeiteten und wie sie heute arbeiten.

Heft 1, S. 29 ②
Früher fuhren sie Steine mit der Schubkarre.
Heute fahren sie Sand mit dem Muldenkipper.

① Schreibe den Text ab und setze die Verben in der Vergangenheit ein.

Heft 1, S. 30 ①
Schule früher
Früher trugen …

Schule früher

Früher _____ (tragen) die Jungen kurze Hosen.

Das _____ (sein) nicht nur im Sommer so.

Im Winter _____ (ziehen) sie dazu dicke Strümpfe an

und _____ (machen) sich auf den Weg in die Schule.

Die Mädchen _____ (gehen) mit Kleidern in die Schule.

Oft _____ (binden) sie noch eine Schürze darüber.

In der Schule _____ (sitzen) Mädchen und Jungen oft getrennt.

Die Kinder _____ (schreiben) auf Schiefertafeln.

② Schreibe über deinen letzten Kindergeburtstag.
Die Kärtchen und Bilder können dir helfen.
Denke an die Vergangenheitsform der Verben.

Heft 1, S. 30 ②
Wir aßen Kuchen. …

tanzen	spielen	singen	essen	trinken	…

MK-Tipp: mit Hilfe einer Kindersuchmaschine im Internet zum Thema „Schule früher“ recherchieren; ein Plakat dazu gestalten

① Beschreibt die Tiere mit passenden Adjektiven.

grau	leicht	gestreift	bunt	klug	scheu	kräftig	schnell

② Erfinde vier Tierrätsel.
Beschreibe jedes Tier mit zwei Adjektiven.
Das Rätsel ist schwerer, wenn du als Erstes ein Adjektiv wählst, das auf mehrere Tiere zutrifft, z. B. gestreift.

Heft 1, S. 31 ②
Hai: Das Tier ist grau.
Es ist sehr scheu.
Tiger: Das Fell ist gestreift.
...

③ Lass ein anderes Kind deine Rätsel lösen.

① Sieh dir Cans und Pauls Hosen an.
Ordne die Adjektive passend in eine Tabelle ein.

Heft 1, S. 32 ①+②

Cans Hose	Pauls Hose
lang	bunt
einfarbig	hell
…	…

lang · bunt · kurz · sauber · einfarbig

weit · hell · eng · dunkel · schmutzig

② Unterstreiche in der Tabelle aus ① die Gegensatzpaare jeweils in der gleichen Farbe.

③ Suche das Gegenteil.
Schreibe die Wortpaare auf.

Heft 1, S. 32 ③
A: leicht – schwer ✓
B: …

kalt · schmutzig · hart

schwer · langsam

A Was leicht ist, ist nicht ___.

B Was weich ist, ist nicht ___.

C Was warm ist, ist nicht ___.

D Was schnell ist, ist nicht ___.

E Was sauber ist, ist nicht ___.

① Findet passende Adjektive zu den Nomen.
Ihr könnt die Adjektive mehrfach verwenden.
Beobachtet, wie sich die Adjektive verändern.

ein Fußball | ein Fahrrad | ein Buch

eine Mandarine | eine Zeitung | ein Brot

ein Rock | ein Geschenk | ein Wecker | ein Schuh

rund | stabil | witzig | toll | grün

frisch | süß | groß | laut | interessant

Adjektive verändern sich:
ein rund**er** Fußball,
ein toll**es** Buch.

② Schreibe die Nomen aus ① zusammen mit einem passenden Adjektiv auf.
Unterstreiche die Veränderungen am Adjektiv.

Heft 1, S. 33 ②
ein runder Fußball, ein …

③ Schreibe zum Bild Sätze mit passenden Adjektiven.

Heft 1, S. 33 ③
Im Bild sehe ich schwarze Vögel. …

schwarz | breit | gelb | rot | klein

groß | braun | blau | weiß | bunt

Adjektive mit **ig** und **lich** bilden

Aus Nomen kann ich **Adjektive** bilden. Dazu füge ich die Wortbausteine **ig** oder **lich** an den Wortstamm an:
der Mut – mut**ig**, der Friede – fried**lich**.
Manchmal ändert sich dann der Vokal im Wortstamm:
der Tag – t**ä**g**lich**, die Natur – nat**ü**r**lich**.

① Bildet aus den Nomen Adjektive. Nutzt dazu die Wortbausteine ig und lich.
Ordnet die Adjektive passend in eine Tabelle ein.

Heft 1, S. 34 ①+②

ig	lich
mutig	glücklich
…	…

das Glück | der Mut | der Schatten | der Witz | der Wind | die Jugend | der Durst | der Tag | der Friede | der Schreck | die Sonne | der Schmutz | die Gefahr | der Freund | der Sommer | die Ruhe

② Ergänzt die Tabelle aus ① mit weiteren Adjektiven.

③

(1) Lest euch die Sätze abwechselnd vor.
Bildet aus den Nomen Adjektive
mit der Endung ig oder lich.

Es ist ein ______ (der Sommer) Nachmittag.

Emil steht vor dem Kirschbaum und ist sehr ______ (der Hunger).

Die ______ (der Saft) Kirschen auf dem Baum lachen ihn an.

Emil ist ein ______ (der Sport) Junge und klettert bis nach oben.

Er isst sich an den Kirschen satt und ist ______ (das Glück).

Doch plötzlich hört er ein Knacken und wird etwas ______ (die Angst).

Wird es jetzt ______ (die Gefahr)?

Er ist ganz ______ (die Vorsicht) und schaut nach unten. Was ist das?

Seine Freundin Lea ist ______ (die Neugier) und klettert zu ihm hoch.

Emil freut sich ______ (der Riese). Sie sitzen ______ (das Gemüt) zusammen
bis zum Sonnenuntergang auf dem Baum.

(2) Schreibe den Text aus (1)
vollständig auf.

Heft 1, S. 35 (2)
Es ist ein sommerlicher Nachmittag. ...

(3) Suche dir fünf Adjektive aus und
schreibe damit eine kurze Geschichte.
Du kannst auch eigene Adjektive
verwenden.

Heft 1, S. 35 (3)
...

schwierig	sonnig	nützlich	flüssig	sandig	glücklich	ängstlich
richtig	traurig	fettig	freundlich	bissig	schmutzig	empfindlich

Mit Adjektiven kann ich Menschen, Tiere, Pflanzen oder Dinge **vergleichen**.
Adjektive haben eine **Grundstufe** und zwei **Vergleichsstufen**.
Manchmal verändert sich der Wortstamm.

Koki ist **groß**. (Grundstufe)
Rani ist **größer als** Koki. (1. Vergleichsstufe)
Lea ist **am größten**. (2. Vergleichsstufe)

① Ordnet die drei Formen der Adjektive passend zu.

Grundstufe	1. Vergleichsstufe	2. Vergleichsstufe
groß	lauter	am höchsten
laut	älter	am größten
hoch	größer	am ältesten
alt	höher	am lautesten

② Betrachte die Siegertreppchen und schreibe auf, was die Kinder über sich sagen.

Heft 1, S. 36 ②
a) Malik: Ich bin ...
...

a)

b)

Lernportion 4: Adjektive

Plenum: an Beispielen das Vergleichen mit Adjektiven zeigen

(1) Nennt abwechselnd die fehlenden Formen.

Grundstufe	1. Vergleichsstufe	2. Vergleichsstufe
dick	☆☆☆	☆☆☆
☆☆☆	☆☆☆	am größten
klug	☆☆☆	☆☆☆
fröhlich	☆☆☆	☆☆☆
☆☆☆	hungriger	☆☆☆
alt	☆☆☆	☆☆☆
hoch	☆☆☆	☆☆☆
☆☆☆	☆☆☆	am wichtigsten

(2) Schreibe die Adjektive aus (1) mit ihren Vergleichsstufen auf.

Heft 1, S. 37 ②
dick, dicker, am dicksten
...

(3) Schreibe Vergleichssätze mit dem Adjektiv gut und seinen Vergleichsstufen besser, am besten.

Heft 1, S. 37 ③
Lisa ist gut im Weitsprung.
Bente ist besser ...

Wettkampfkarte	Bente
Weitsprung:	2,80 m
Weitwurf:	20,20 m
50-m-Lauf:	10 s

Wettkampfkarte	Rani
Weitsprung:	2,90 m
Weitwurf:	15,10 m
50-m-Lauf:	9 s

Wettkampfkarte	Lisa
Weitsprung:	2,70 m
Weitwurf:	15,90 m
50-m-Lauf:	8 s

MK-Tipp: mit Hilfe einer Kindersuchmaschine im Internet Rekorde im Weitsprung und Hochsprung recherchieren; Vergleiche schreiben

① Untersucht, wann man mit als und wann man mit wie vergleicht.

Wer ist wer?

Jana ist größer als Kai.

Mika ist so groß wie Jana.

Laya ist noch größer als Mika.

Kamil ist am größten.

② Schreibe Vergleichssätze.
Unterstreiche wie im Beispiel.

Heft 1, S. 38 ②
Der Turm ist <u>höher als</u> ...

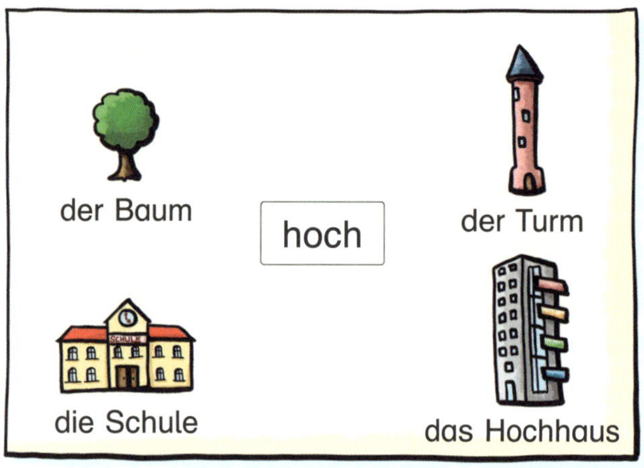

③ Setzt die Namen passend in die Sätze ein. Findet alle Möglichkeiten.

___ hat mehr Buchstaben als ___.

___ hat so viele Buchstaben wie ___.

___ hat am meisten Buchstaben.

④ Schreibe Sätze wie in ③ mit Namen von Kindern aus deiner Klasse.

Heft 1, S. 38 ④
...

Zusammengesetzte Adjektive schreibt man immer klein: **kugelrund**.

① Bildet zusammengesetzte Adjektive aus Nomen und Adjektiv. Erklärt ihre Bedeutung.

 rund

 hart

 grün

 leicht

süß

 weiß

 glatt

 kalt

② Finde Gegensatzpaare.

staubtrocken, federleicht, stockdunkel, todkrank, nagelneu, schneeweiß, steinhart, bleischwer, butterweich, steinalt, taghell, regennass, kerngesund, rabenschwarz

Heft 1, S. 39 ②
staubtrocken – regennass
...

③ Bilde Adjektive aus Verb und Adjektiv.

tropfen, schreiben, pflegen, blitzen, kuscheln

faul, leicht, nass, weich, sauber

Heft 1, S. 39 ③
tropfen + nass = tropfnass
...

4 Zusammengesetzte Wörter erkennen

① Trage die zusammengesetzten Nomen in eine Tabelle ein und trenne sie.

Buntspecht | Wildschwein | Spitzmaus | Blaumeise | Graureiher | Braunbär | Grünspecht | Rothirsch

Heft 1, S. 40 ①

zusammengesetztes Nomen	Adjektiv + Nomen
Buntspecht	bunt + Specht
…	…

② Finde im Text mindestens fünf zusammengesetzte Nomen und fünf zusammengesetzte Adjektive. Schreibe sie auf.

Heft 1, S. 40 ②

Nomen	Adjektive
…	baumlang
	…

Die Sage von der Burg Reußenstein

Der baumlange Riese Heim wollte eine Burg bauen. Da rief er mit ohrenbetäubender Stimme ins Tal: „Wer von euch Menschenzwergen will mir helfen, eine Burg zu bauen?“ Es erschienen zahlreiche Handwerker und nahmen die vielfältige Arbeit freudig auf, denn der steinreiche Riese versprach reichlichen Lohn.

Bald stand auf dem Felsgestein eine riesengroße Burg. Nur am winzig kleinen Klappfenster im haushohen Aussichtsturm fehlte noch ein Nagel. Der Riese versprach demjenigen, der den Nagel einschlüge, besonders reichen Lohn. Alles staunte, als ein todesmutiger Bursche es wagte, den Eisennagel einzuschlagen. Der großzügige Riese beschenkte den jungen Burschen reichlich.

überliefert

Nach einem **Aussagesatz** steht ein **Punkt**:
Der Ball rollt auf die Straße.
Nach einer **Aufforderung** oder einem **Ausruf** steht ein **Ausrufezeichen**:
Beeilt euch!

(1) Lies einem Partnerkind den Text langsam vor.
Mache nach jedem Aussagesatz eine Lesepause.
Schreibe die fünf Aussagesätze auf.

Heft 1, S. 41 ①
In der Nacht hat es …

IN DER NACHT HAT ES GESCHNEIT DIE
KINDER FREUEN SICH EINIGE FAHREN MIT
IHREN SCHLITTEN TIM IST GERADE
HINGEFALLEN ZUM GLÜCK
IST NICHTS PASSIERT

(2) Ordne jedem Kind den passenden Ausrufesatz zu.

Heft 1, S. 41 ②
Tim: …!
…

Fahr nicht so schnell!	Wir sind schneller!
Juhu, das macht Spaß!	

Am Ende einer **Frage** steht ein **Fragezeichen**: Wie alt bist du ?

① Schreibe nur die Fragesätze auf.
Setze Fragezeichen am Satzende.

Heft 1, S. 42 ①
Wie alt bist du?
Wohin ...

② Lest die Fragen und ergänzt das Fragewort.
Ordnet jedem Fragesatz den passenden Antwortsatz zu.

Wer | Wo | Was | Warum | Wie | Wohin

kommt mit zum Spielplatz? wollen wir machen? ist meine Brille?

fahren wir in den Ferien? geht es dir? bist du nicht mitgekommen?

Wir fahren an die Ostsee. | Sie liegt auf dem Tisch.

Wir können ein Spiel spielen. | Danke, mir geht es gut.

Ich komme mit. | Ich hatte einen Zahnarzttermin.

(3) Die Streitschlichter Anton und Juri erzählen von ihren Aufgaben. Die Kinder der Klasse 3a haben Fragen an die beiden Streitschlichter aus der Klasse 4b. Schreibe die Fragesätze auf.

Heft 1, S. 43 (3)
Welche Aufgaben haben Streitschlichter?
Macht es Spaß, ...

Die Kinder wollen wissen:

- welche Aufgaben Streitschlichter haben.
- ob es Spaß macht, Streitschlichter zu sein.
- wann Streitschlichter gebraucht werden.
- wie viele Streitschlichter es an der Schule gibt.
- wie man Streitschlichter werden kann.
- ob es schwierig ist, Streitschlichter zu sein.
- ob Streitschlichter manchmal Angst haben.
- was die schwierigste Aufgabe als Streitschlichter ist.

Lernportion 5: Sätze

Plenum: sich über eigene Erfahrungen als Streitschlichter oder mit Streitschlichtern austauschen
MK-Tipp: eine Streitsituation im Rollenspiel darstellen, aufnehmen und besprechen

Wenn ich etwas aufzähle, dann setze ich
ein **Trennzeichen** dazwischen: das **Komma**.
Ich packe meinen Rucksack und nehme
eine Mütze, eine Sonnenbrille, Handschuhe und ein Buch mit.

1

2 Schreibe zehn Dinge auf, die du auf eine Klassenfahrt mitnehmen willst.

Heft 1, S. 44 ②
Ich nehme …
auf die Klassenfahrt mit.

D 9

Lernportion 5: Sätze

Plenum: im Spiel die Merkmale einer Aufzählung verdeutlichen;
die Verwendung des Kommas als Trennzeichen beschreiben

AH 38

1 Betrachte das Bild.

a) Was passiert?
Schreibe mindestens vier Aussagesätze.

b) Überlege, was auf dem roten Warnschild steht.
Notiere dazu einen Ausrufesatz.

c) Was könnten die Leute sagen oder fragen?
Schreibe es auf.

Heft 1, S. 45 ①
a) Ein Ball rollt auf die Straße.
...

2 Spielt Szenen aus dem Bild nach.

Lernportion 5: Sätze

MK-Tipp: eine Szene nachspielen, aufnehmen und besprechen

6 Die wörtliche Rede kennenlernen

Was gesprochen wird, nennt man **wörtliche Rede**.
Davor stehen **Anführungszeichen** unten, danach stehen sie oben.
„Ich verstehe nicht, warum ich Englisch lernen soll."

① Wähle einen Witz aus.
Schreibe ihn mit Anführungszeichen
in dein Heft.

Heft 1, S. 46 ①
…

Vater und Sohn

Sohn: Ich verstehe nicht,
warum ich Englisch lernen soll.

Vater: Aber Kind, die halbe Welt spricht Englisch!

Sohn: Ja eben! Genügt das nicht?

David und der Hund

David: Würden Sie den Hund mal streicheln?

Frau: Aber gern. Du magst den Hund sicher sehr.

David: Das ist doch nicht mein Hund.
Ich wollte nur wissen, ob er beißt!

Zwei Hennen

Sagt die eine Henne zur anderen: Letzte Nacht hatte ich
mindestens 40 Grad Fieber.

Fragt die andere: Woher weißt du das?

Meint die erste: Heute Morgen hab ich
ein gekochtes Ei gelegt.

Der **Begleitsatz** gibt an, **wer** spricht. Nach dem Begleitsatz steht ein **Doppelpunkt**, danach wird groß weitergeschrieben:
Emil ruft: „Pass auf!“

1 Schreibe jeden Satz als wörtliche Rede mit Begleitsatz auf. Verwende passende Verben für sagen.

Heft 1, S. 47 ①
Emil ruft: „Pass auf,
ich werde ganz nass!“
...

rufen | protestieren | meinen | stammeln | jammern | schreien | staunen | bitten | schimpfen | fragen | antworten | denken

6 Begleitsatz und wörtliche Rede erkennen

① Schreibe den Text ab.
Unterstreiche die Begleitsätze.
Markiere die Anführungszeichen.

Heft 1, S. 48 ①
Es treffen sich zwei Spatzen.
Fragt der eine: „Was …
…

Es treffen sich zwei Spatzen. Fragt der eine: „Was sollen wir unternehmen?“ Darauf der andere: „Lass uns zum Bodensee fliegen.“ Fragt der erste: „Wo treffen wir uns?“ Meint sein Freund: „Auf der Eiche am Hafen.“ Darauf der erste: „Gut, flieg schon mal voraus, ich habe noch etwas zu erledigen.“ Der eine Spatz fliegt zum Treffpunkt. Endlich, nach drei Stunden, trifft sein Freund ein. Er fragt: „Wo warst du so lange?“ Da meint der andere Spatz: „Ach, ich dachte, bei dem schönen Wetter gehe ich zu Fuß.“

② Lest den Text aus ① mit verteilten Rollen.

Lernportion 6: Wörtliche Rede

MK-Tipp: einen Text mit verteilten Rollen vorlesen und aufnehmen

① Denke dir für jede Sprechblase einen Begleitsatz aus.
Schreibe den Begleitsatz und die wörtliche Rede auf.
Setze die richtigen Zeichen.

Heft 1, S. 49 ①
Mug fragt: „Was machen wir, wenn wir cool sind, Leo?“
Leo …

stottern	flüstern	prahlen	erklären	sagen	fragen

Mug und Leo: Ab heute sind wir cool

Was machen wir, wenn wir cool sind, Leo?

Wenn wir zwei Coole sind, dann schauen wir uns Filme an, für die wir eigentlich noch zu klein sind.

Filme mit Monstern und Vampiren und so?

Coole schauen nur Filme, bei denen ihnen das Blut in den Adern gefriert.

Wa-, wa-, warum tun sie das?

Weil ihnen dann vor Angst die Haare zu Berge stehen und das sieht so was von cool aus, Mann!

Susann Opel-Götz

② Schreibe auf, wie das Gespräch zwischen Mug und Leo weitergehen könnte.

Heft 1, S. 49 ②
Mug fragt: „…

Ein Satz besteht aus mehreren Satzteilen.
Diese Satzteile heißen **Satzglieder**.
Satzglieder können aus **einem Wort** oder **mehreren Wörtern** bestehen.

① Baue Sätze nach diesen Farbmustern.
Achte auf die Großschreibung am Satzanfang
und den Punkt am Satzende.

Heft 1, S. 50 ①
A: Die ...
B: ...

A (blau, rot, lila, gelb)

B (lila, rot, blau, gelb)

C (gelb, rot, lila, blau)

die Hunde	schwimmen	in den Ferien	im Wasser
die Angler	fischen	nach der Schule	in den Wellen
die Kinder	tauchen	morgens	am Strand

② Finde die Farbmuster zu diesen Sätzen.

Heft 1, S. 50 ②
A: ...
B: ...

A Die Surfer | surfen | abends | in den Wellen.

B Mittags | toben | die Hunde | am Hundestrand.

C Im Strandkorb | sitzen | nachmittags | viele Urlauber.

③ Besprecht, was die Satzglieder in den einzelnen farbigen Kästen gemeinsam haben.

Die Wörter eines Satzgliedes bleiben beim Umstellen zusammen.

Lea und Koki	gehen	heute	ins Museum	.
Heute	gehen	**Lea und Koki**	ins Museum	.
Ins Museum	gehen	heute	**Lea und Koki**	.
Gehen	**Lea und Koki**	heute	ins Museum	?

1. Wählt einen Satz aus.

Lea und Koki	gehen	heute	ins Technikmuseum	.

Zur Oldtimer-Ausstellung	gehen	sie	zuerst	.

Danach	gehen	sie	zu den E-Autos	.

Sehr interessiert	betrachten	sie	die Fahrräder	.

Zum Abschluss	essen	sie	im Café	ein Eis	.

a) Schreibt den Satz auf einen langen Papierstreifen. Schneidet die Satzglieder auseinander.

b) Verschiebt die Satzglieder. Bildet so viele Sätze wie möglich.

c) Klebt einen Satz mit dem Satzzeichen auf. Beachtet die Großschreibung.

Wenn das Verb am Satzanfang steht, entsteht eine Frage. Vergiss das Fragezeichen am Satzende nicht.

Plenum: Ergebnisse im Zusammenhang mit dem Umstellen von Satzgliedern vorstellen

Satzglieder haben Namen.
In jedem Satz gibt es ein **Subjekt**.
Das Subjekt sagt, **wer** oder **was** etwas tut.
Nach dem **Subjekt** frage ich mit **Wer?** oder **Was?**
Alle Kinder freuen sich auf die Ferien.
Wer freut sich auf die Ferien? **Alle Kinder.**
Das Wetter ist sommerlich.
Was ist sommerlich? **Das Wetter.**

(1) Schreibe zu jedem Satz die Frage nach dem Subjekt auf.

Heft 1, S. 52 ①
A: Wer freut sich auf die Ferien?
B: ...

A Alle Kinder freuen sich auf die Ferien.

B Seit Wochen ist das Wetter sommerlich.

C In der Pause spielen sie im Freien.

D Die Lehrerin und die Kinder stapeln die Schulbücher.

E Draußen macht die Lehrerin ein Klassenfoto.

(2) Bilde zu den Sätzen die Fragen nach dem Subjekt.
Schreibe sie mit der Antwort auf.

Heft 1, S. 52 ②
A: Wer singt Lieder? Der Chor.
B: ...

A Der Chor singt Lieder.

B Der Klassensprecher überreicht der Lehrerin einen Blumenstrauß.

C Die Kinder verabschieden sich voneinander.

D Bald ist das Schulhaus fast leer.

In jedem Satz gibt es auch ein **Prädikat**.
Das **Prädikat** sagt aus, **was jemand tut** oder **was geschieht**.
Nach dem **Prädikat** frage ich mit **Was tut ...?** oder **Was geschieht ...?**
Die Zuschauer jubeln.
Was tun die Zuschauer? Sie **jubeln**.
In der Pause regnet es.
Was geschieht in der Pause? Es **regnet**.

(1) Schreibe zu jedem Satz die Frage nach dem Prädikat auf.

Heft 1, S. 53 ①
A: Was tut Bente?
B: ...

A Bente schießt.
B Die Torhüterin hält.
C Die Zuschauer jubeln.
D Der Schiedsrichter pfeift.
E In der Pause regnet es.
F Die Haare und Trikots tropfen.

(2) Schreibe die Sätze ab und unterstreiche das Prädikat. Bilde zu den Sätzen die Fragen nach dem Prädikat.

Heft 1, S. 53 ②
A: ...

A Nach der Pause scheint die Sonne.
B In der zweiten Halbzeit trifft Bente.
C Bentes Team gewinnt.
D Nach dem Spiel feiert das Team.

1 Schreibe die Spielbeschreibung ab.
Unterstreiche in jedem Satz Subjekt und Prädikat.

In der Pause spielen viele Kinder zusammen ein Fangspiel. Das Spiel funktioniert nur bei Sonnenwetter. Ein Kind fängt. Es berührt den Schatten eines anderen Kindes mit dem Fuß. Dieses Kind ist dann raus.

Heft 1, S. 54 ①
In der Pause spielen
viele Kinder ...

2 Lest die Sätze und bestimmt in jedem Satz Subjekt und Prädikat.

Auf dem Pausenhof spielen viele Klassen gleichzeitig. Die Kinder haben jeden Tag neue Spielideen. Die großen Kinder zeigen ihre Ideen gern den jüngeren Kindern. Eine Lehrerin gibt den Kindern Springseile und Kreide. Damit malt eine Gruppe Hüpfspiele auf den Boden. Zwei Jungen klettern auf dem Klettergerüst. Alle schaukeln gern auf der Riesenschaukel. Auch nach der Schule spielen viele Kinder auf dem Schulhof.

3 Schreibe drei Sätze aus ② ab und unterstreiche in jedem Satz Subjekt und Prädikat.

Heft 1, S. 54 ③
...

4 Schreibt selbst Sätze und unterstreicht Subjekt und Prädikat.

Heft 1, S. 54 ④
...

⑤ Lest die Geschichte abwechselnd Satz für Satz.
Entscheidet euch bei jedem Satz für eine Möglichkeit.

Vor langer Zeit lebte

ein Bauer | ein Prinz | ein König .

Ganz allein wohnte er

in einem Schloss | in einer Hütte | in einem Stall .

Eines Tages fand er

einen Kelch | einen Edelstein | einen Ring .

Er berührte ihn

mit einem Finger | mit dem Fuß | mit einem Stock .

Da ertönte

ein lautes Donnern | ein irres Kichern | ein schnelles Klopfen .

Schnell versteckte er seinen Fund

in einem Baumstumpf | hinter einem Stein | unter der Erde .

Er verschwand

in den Wald | auf einen Berg | in eine Höhle .

Und wenn er nicht gestorben ist, dann lebt er dort noch heute.

⑥ Schreibe deine Entscheidungsgeschichte aus ⑤ auf.
Unterstreiche alle Subjekte und Prädikate.

Heft 1, S. 55 ⑥
Vor langer Zeit lebte
ein ...

Nach Subjekt und Prädikat fragen

① Stellt euch gegenseitig Subjekt- und Prädikatfragen zum Bild. Die Wörter auf den Karten können euch helfen.

unter die Bank kriechen	einen Ball werfen		
mit dem Schwungtuch spielen	klettern	Handstand machen	

② Schreibe drei Subjektfragen und drei Prädikatfragen in dein Heft. Nutze die Wortkarten aus ①.

Heft 1, S. 56 ②
Wer klettert? …

③ Bilde mindestens vier Sätze. Unterstreiche Subjekt und Prädikat.

Heft 1, S. 56 ③
Bente und Koki rennen
um die Wette. …

	spielen	mit dem Ball.
	klettern	um die Wette.
Bente und Koki	hüpfen	mit Rani und Emil.
Sie	werfen	auf dem Trampolin.
	rennen	an der Sprossenwand.

Hello!
Good morning!

Witam!
Dzień dobry!

Ciao!
Buon giorno!

Merhaba!
İyi günler!

Do you want to play with me?
Yes, of course.

Chcesz ze mną zagrać?
Tak, oczywiście.

Vuoi giocare con me?
Si, certo.

Benimle oynar mısın?
Evet.

1 Untersucht mit Hilfe der Sprachforscherideen die verschiedenen Sprachkärtchen. Ihr könnt euch mehrere Ideen aussuchen:

- die Sprache bestimmen
- euch über die Aussprache informieren
- euch begrüßen und ansprechen
- die Bedeutung in unsere Sprache übersetzen
- die unterschiedlichen Sprachen vergleichen
- weitere Sprachen ergänzen

Lernportion 8: Entdeckungen bei Sprache und Schrift

Plenum: Begrüßungen und Sätze in verschiedenen Sprachen kennenlernen
MK-Tipp: mit Hilfe einer Kindersuchmaschine oder eines Internet-Wörterbuches weitere Sprachen ergänzen und eigene Karten gestalten

Ein **Dialekt** (eine Mundart) ist die Art, wie eine Sprache in einer bestimmten Gegend gesprochen wird. Oft gibt es auch Lieder und Märchen in den verschiedenen Dialekten. In Deutschland gibt es zum Beispiel den sächsischen, bayrischen und Berliner Dialekt.

(1) Lest euch den Buchtitel gegenseitig in den verschiedenen Dialekten vor.

Hochdeutsch

Hamburger Platt

Hessisch

Schwäbisch

(2) Vergleicht die Texte in Hessischer Mundart und im Hamburger Platt.
Besprecht, was euch auffällt.

Es war emal e klaa Bärsche
un en klaane Tiescher.
Un e Bootsche hadde se aach.
In em klaane, ganz gemietlische
Häusje mit em Schornstaa
habbe se gewohnt. ◇

Dat geev mool en lütten Boor
un ook en lütten Tiger.
Da beiden hebbt ook en
lütt Boot hatt.
Un se wohnen in so'n lütt,
kommoodi Huus mit Schosteen. ◇

(3) Wählt einen Text aus (2).
Überlegt, wie er im Hochdeutschen lauten könnte.
Schreibt eure Übersetzung auf.

Heft 1, S. 58 (3)
Es war einmal …

Lernportion 8: Entdeckungen bei Sprache und Schrift

Plenum: sich über Mundarten und Dialekte austauschen; Lieder und Texte in der eigenen Mundart sammeln
MK-Tipp: Mundartbeispiele im Internet anhören

④ Lies die plattdeutschen Zahlwörter.

dree | acht | twee

söven | een

söss | negen | veer

teihn | fief

⑤ Ordne den Zahlen von 1 bis 10 die plattdeutschen Zahlwörter aus ④ zu.

Heft 1, S. 59 ⑤
1 – een, …

⑥ Ordne die plattdeutschen Tiernamen den Bildern zu.

Heft 1, S. 59 ⑥
A: de Adebor
B: …

A  de Aant

B  dat Meesje

C  de Goos

D  dat Hoon

E  de Adebor

1 Seht euch die Wörter auf den Wortkarten an.
Besprecht, was euch auffällt.

pallig	verpallen
Paller	anpallen

am dömsten	bedömt
Dömin	dömen

strierlich	strieren
abstrieren	Striere

2 Schreibt auf, zu welchen drei Wortfamilien die Quatschwörter aus ① gehören.
Notiert die Wortstämme.

Heft 1, S. 60 ②
…

3 Überlegt, zu welchen Wortarten die Quatschwörter aus ① gehören könnten.
Besprecht, woran ihr das erkennt.

Lernportion 8: Entdeckungen bei Sprache und Schrift

Plenum: besprechen, anhand welcher Merkmale die Zugehörigkeit zu Wortarten und Wortfamilien erkannt werden kann

① Entschlüsselt die Geheimsprache.
Besprecht, was euch auffällt.

Hatius keineius Füßeius
undius kannius dochius gehenius.
Hatius keineius Beineius
undius bleibtius dochius stehenius.
Wasius istius dasius?

② Löst das Rätsel aus ①.
Schreibt die Antwort in Geheimsprache auf.

Heft 1, S. 61 ②
Dasius istius ...

③ Löst die Bilderrätsel zu den Märchen.
Schreibt die Lösung auf.

Heft 1, S. 61 ③
A: ...

A 

B 

C 

D 

Lernportion 8: Entdeckungen bei Sprache und Schrift

Plenum: sich darüber austauschen, ob man selbst schon Geheimsprachen und -schriften entwickelt und entdeckt hat
MK-Tipp: mit Hilfe einer Kindersuchmaschine im Internet weitere Geheimsprachen suchen

① Ordne den Tieren die passenden Sprechblasen zu.

Heft 1, S. 62 ①
Kuh: Muh
Elefant: …

Wenn man aus einem Geräusch ein eigenes Wort macht, nennt man das Lautmalerei.

② Tierlaute werden in verschiedenen Sprachen anders genannt.
Ordne den Tieren die passenden Laute zu.

Heft 1, S. 62 ②
Maus: …
…

A
England: Bzzzz bzzzz
Griechenland: Sum sum
Südkorea: Wing wing

B
China: Zi zi
Schweden: Pip pip
Italien: Squitt squitt

C
Dänemark: Rap rap
Frankreich: Coin coin
Rumänien: Mac mac

Anagramme sind Wörter, die aus den Buchstaben eines anderen Wortes zusammengesetzt sind. Aus Mehl können zum Beispiel die Wörter Helm und Lehm entstehen.

(1) Finde die Anagramme.
Immer zwei Wörter gehören zusammen.

Heft 1, S. 63 ①
Mehl – Helm, ...

Mehl | Lager | Tapir | Falte

Leben | Tafel | Reifen

Dame | Ferien | Pirat | Regal

Helm | Nebel | Made

(2) Bilde Anagramme zu den Wörtern Angel und Palme.

Heft 1, S. 63 ②
Angel – ...

So kannst du ein Anagramm bilden:
- Schreibe das Wort in Großbuchstaben auf einen Zettel.
- Schneide den Zettel auseinander, sodass jeder Buchstabe auf einem Schnipsel steht.
- Setze die Buchstaben zu einem neuen Wort zusammen. Es darf kein Buchstabe übrig bleiben.

(3) Findet weitere Anagramme.

Einsterns Schwester 3

Themenheft 1
Sprachgebrauch und Sprache untersuchen und reflektieren

Herausgegeben von: Roland Bauer, Jutta Maurach

Erarbeitet von: Annette Schumpp, Jutta Sorg
in Zusammenarbeit mit der Redaktion Grundschule Deutsch 2–4

Begutachtung: Astrid Dittberner (Niedersachsen), Katrin Bertram (Brandenburg), Angelika Borrmann (Schleswig-Holstein), Claudia Hoeschen (Schleswig-Holstein), Alexandra Mangold (Baden-Württemberg), Julia Schäfer (Hessen), Simone Schick (Nordrhein-Westfalen), Steffi Sternal (Sachsen)

Redaktion: Sabine Gerber, Milena Lemke, Kristina Meyer, Martina Schramm

Illustration: Yo Rühmer, Frankfurt am Main

Umschlag: Cornelia Gründer, agentur corngreen, Leipzig (Gestaltung);
Yo Rühmer, Frankfurt am Main (Illustration)

Layout und
technische Umsetzung: lernsatz.de

www.cornelsen.de

1. Auflage, 1. Druck 2023

Alle Drucke dieser Auflage sind inhaltlich unverändert
und können im Unterricht nebeneinander verwendet werden.

Druck: Athesiadruck GmbH

ISBN 978-3-06-084857-7 (Themenheft 1, Leihmaterial)